Gerik und Tami Chirlek

Excel 2016 . Probleme und Lösungen

Band 2

Gerik und Tami Chirlek

Excel 2016

Probleme und Lösungen

- Band 2 -

Datenbanken, Diagramme, Schutz & Sicherheit, Kommunikation mit Anwendungen, Sonstiges

gerik CHIRLEK

2016

IMPRESSUM
© 2016 gerik CHIRLEK
Herstellung und Verlag: BoD - Books on Demand, Norderstedt
ISBN: 978-3-7412-6560-0

Inhaltsverzeichnis

Vorwort

Mit dem vorliegenden Buch der Reihe 'Probleme und Lösungen' erhalten Sie ein kleines Nachschlagewerk für den Umgang mit Microsoft® Excel. Es wurde so aufgebaut, dass bereits geringste Kenntnisse der Oberfläche von Microsoft® Windows® und Microsoft® Excel genügen, um aus den beschriebenen Lösungsansätzen in Kürze Antworten zu einem vorhandenen Problem zu finden.

Da oft diverse Wege zum gleichen Ziel führen (bspw. Funktion 'Kopieren') haben wir uns mehrheitlich auf eine Möglichkeit beschränkt. Sicherlich werden Sie im Umgang mit der Software noch weitere Erfolg bringende Wege entdecken.

Wir wünschen Ihnen, dass Sie mit diesem Buch eine kleine Unterstützung für Ihren Alltag finden. Viel Spaß beim Studieren und Ausprobieren.

Köln, im August 2016

Gerik und Tami Chirlek

1 Einleitung

Microsoft® Excel ist ein Tabellenkalkulationsprogramm.

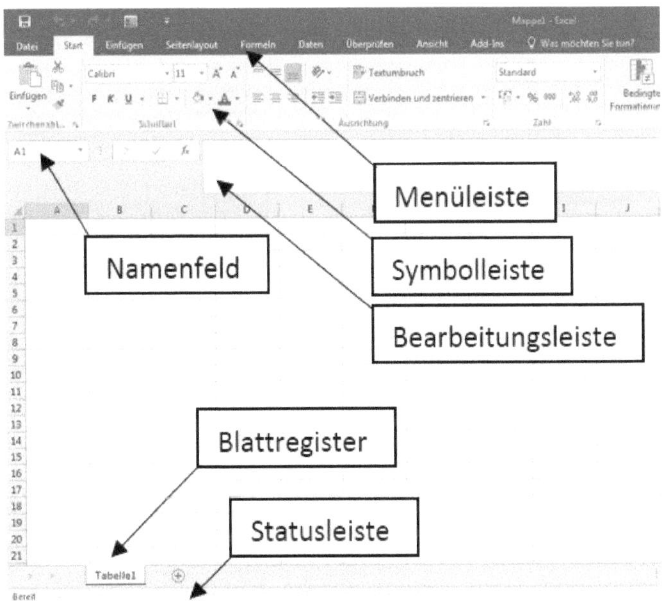

Abb. 1: Übersicht Excel 2016

Ein Tabellenblatt von Excel verfügt über 16.384 Spalten und 1.048.576 Zeilen.

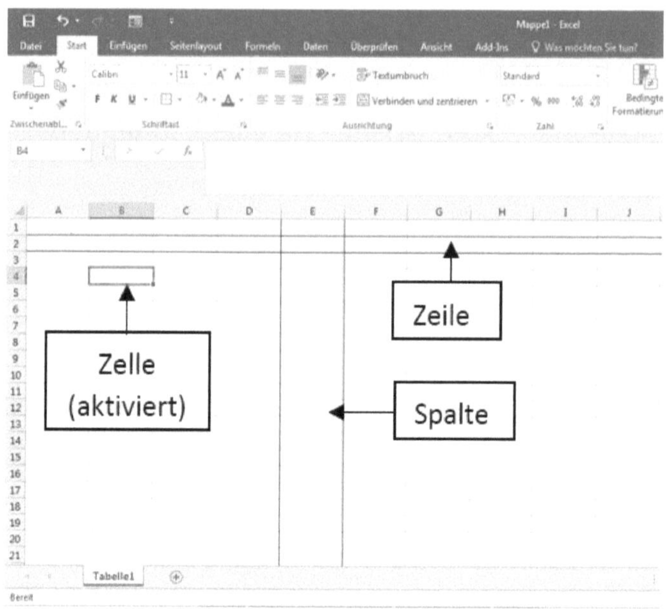

Abb. 2: Übersicht Excel 2016

Die zu Grunde liegende kleinste gemeinsame Einheit ist eine eindeutig definierte Zelle. Dadurch entsteht eine Adressierbarkeit, das heißt der Ort zum Abspeichern von Daten kann genau benannt werden. So bezeichnet die Zelle A1 immer die erste Spalte (A) und davon die erste Zeile (1).

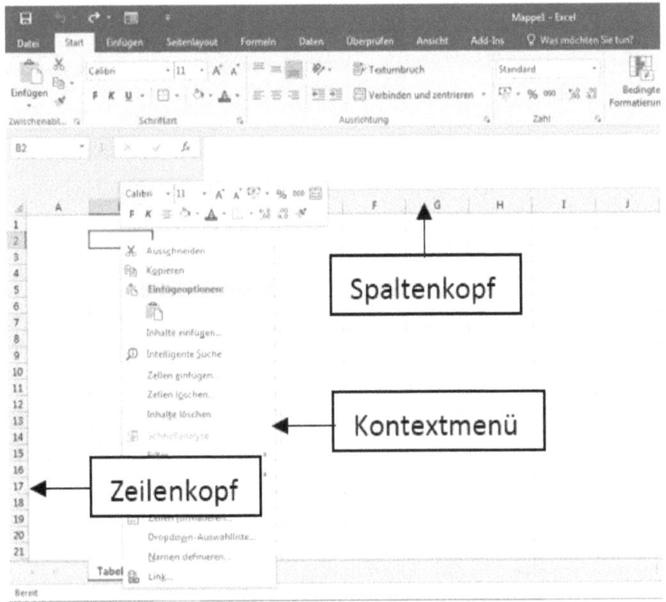

Abb. 3: Übersicht Excel 2016

Jede Zelle kann verschiedene Inhalte haben:

- Text (ist eine Abbildung von Zeichen und wird links ausgerichtet)
- Wert (ist ein numerischer Ausdruck, d. h. berechenbare Zahl und wird rechts ausgerichtet)
- Formel (ist eine Berechnung und beginnt am Anfang mit '=')

Auch wenn die maximale Spaltenbreite nur 255 Zeichen umfasst, darf der Inhalt einer Zelle aus maximal 32.767 Zeichen bestehen. Dabei ist jedoch zu beachten, dass Excel der IEEE 754-Spezifikation zur Speicherung und Berechnung von Gleitkommazahlen folgt. Deshalb werden nur 15 signifikante Ziffern in einer Zahl gespeichert und folgende Ziffern in Nullen geändert. Zur Darstellung müsste dann das Textformat genutzt oder Leerzeichen an beliebigen Stellen eingefügt werden.

Weitere Spezifikationen können folgender Internetseite entnommen werden:

https://support.office.com/de-de/article/Spezifikationen-und-Beschr%C3%A4nkungen-in-Excel-1672b34d-7043-467e-8e27-269d656771c3

Abschließend sei noch darauf verwiesen, dass im Umgang mit Excel nicht nur Eingaben in Zellen möglich sind, sondern auch in Dialogfenstern erforderlich sein können.

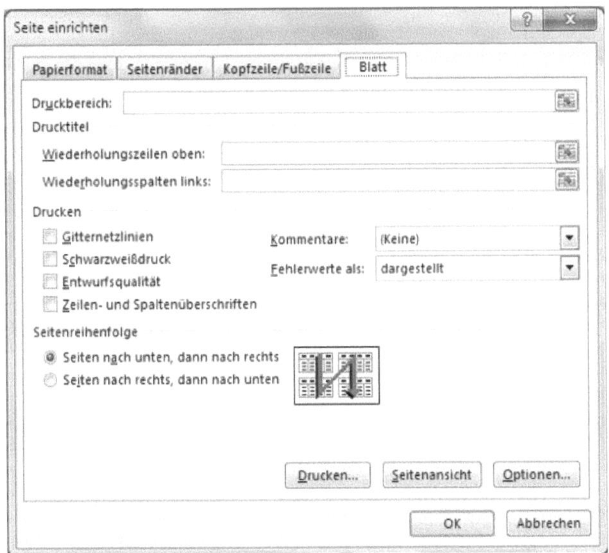

Abb. 4: Dialogfenster

Ein Dialogfenster ist meist selbsterklärend. Es enthält oft Eingabe- und Auswahlfelder, darüber hinaus Checkboxen und Optionsfelder.

Checkbox	aktiviert	☑ oder ☒
	deaktiviert	☐
Optionsfeld	ausgewählt	⦿
	nicht ausgewählt	◯

Abb. 5: Dialogfenster / Details

Mehr bedarf es an dieser Stelle nicht, um sich die Welt der Excel-Tabellenkalkulation zu erschließen.

1 Einleitung

2 Datenbankfunktionen

Das Programm Microsoft® Excel kann auch als Datenbank verwendet werden. Allerdings sollte die Datensatzmenge 1000 Einträge nicht übersteigen. Dabei entspricht jede Zeile einem Datensatz.

Es empfiehlt sich pro Liste ein Tabellenblatt zu verwenden, da die Funktion 'Filtern' über mehrere Listen gleichzeitig nicht ausführbar ist. Darüber hinaus sollte von einer Verknüpfung von Tabellenblättern abgesehen werden, da daraus viele redundante Daten folgen können.

Rechts und unten sollte die Liste mit mindestens einer leeren Spalte / Zeile begrenzt sein.

Begrifflichkeiten

- Tabellenblatt: Arbeitsblatt
- Arbeitsmappe: Datei
- Tabelle: Datenbank
- Zeile: Datensatz
- Spalte: Feld
- Spaltenüberschriften: (Daten)feldnamen (müssen eindeutig sein, dürfen sich nicht wiederholen und müssen in der ersten Zeile stehen)

2.1 Excel-Tabelle als Datenbank-Liste

1. In Excel: Eingabe der Spaltenüberschriften.
2. Markieren des Datenbereiches, der in eine Liste umgewandelt werden soll.
3. Mausklick (links) auf das Symbol *'Maske'* (oberste Reihe).

Sofern das Symbol 'Maske' in der obersten Reihe nicht vorhanden ist:

1. Mausklick (links) auf den Pfeil der Symbolleiste für den Schnellzugriff (oberste Reihe) oder mittels Mausklick (links) in der Menüleiste auswählen:
   'Datei' → *'Optionen'* → *'Menüband anpassen'*.
2. Im Bereich *'Befehle auswählen'* Auswahl des Eintrags *'Alle Befehle'*.
3. Innerhalb der Liste: Mausklick (links) auf den Eintrag *'Maske…'*.
4. Mausklick (links) auf die Schaltfläche *'Hinzufügen >>'*.
5. Mausklick (links) auf die Schaltfläche *'OK'*.
6. Mausklick (links) auf das in der Symbolleiste für den Schnellzugriff eingefügte neue Symbol *'Maske'*.

Hinweis: Auf eine Datenbank in Microsoft® Excel können nicht mehrere Benutzer gleichzeitig zugreifen.

2.2 Datenbankfunktionen

Alle Datenbankfunktionen beginnen mit 'DB'.

- DBANZAHL: Zählt die Zellen einer DB, die Zahlen enthalten.
- DBANZAHL2: Zählt nichtleere Zellen.
- DBAUSZUG: Extrahiert Datensatz, der den Kriterien entspricht.
- DBMAX: Größter Wert.
- DBMIN: Kleinster Wert.
- DBMITTELWERT: Mittelwert.
- DBPRODUKT: Multipliziert die Werte eines Feldes der Datensätze in einer DB, die mit den Kriterien übereinstimmen.
- DBSTDABW: Schätzt die Standardabweichung, ausgehend von Stichproben aus ausgewählten Datenbankeinträgen.
- DBSTDABWN: Berechnet die Standardabweichung, ausgehend von der Grundgesamtheit der ausgewählten Datenbankeinträge.
- DBSUMME: Summiert die Zahlen in der Feldspalte der Datensätze in der DB, die dem Kriterium entsprechen.
- DBVARIANZ: Schätzt die Varianz, ausgehend von Stichproben aus ausgewählten Datensätzen.
- DBVARIANZEN: Berechnet die Varianz, ausgehend von der Grundgesamtheit der ausgewählten Datenbankeinträge.

Syntax:

- DBFORMEL(Datenbank;Datenbankfeld; Suchkriterium)

Datenbank:

- Bereich in dem sich die Liste befindet.

Datenbankfeld:

- Feldname der Spalte, in der etwas getan werden soll (Zellbezug oder "Überschrift" angeben)

Suchkriterium:

- Angabe, ob die ganze DB durchsucht werden soll oder nur ein Teilbereich).

Beispiel:

In einer Datenbank wurde pro Agentur der jeweilige Umsatz aufgelistet. Es sollen ausschließlich die Umsätze addiert werden, die oberhalb '100' liegen.

1. In die Zelle 'C8' Eingabe der Formel:
    =DBSUMME(A1:C7;C1;A8:B9)

	A	B	C	D
1	**Agentur**	**Name**	**Umsatz**	
2	1111	Nichtsoviel	50	
3	2222	Garnichtgut	10	
4	3333	Superschlau	150	
5	4444	Geradeso	101	
6	5555	Knappvorbei	100	
7	6666	Nichtsoschlimm	90	
8		**Umsatz**	*251*	
9		**> 100**		

3 Diagramme

3.1 Diagramm-Assistent / Diagramm-Typen

Es gibt unterschiedliche Darstellungsformen. Der Diagramm-Assistent leistet Hilfestellung bei der Erstellung der verschiedensten Diagrammtypen. Im Standard stehen dabei zur Auswahl:

- Diagrammtyp Säule
- Diagrammtyp Linie
- Diagrammtyp Kreis
- Diagrammtyp Balken
- Diagrammtyp Fläche
- Diagrammtyp Punkt (X Y)
- Diagrammtyp Kurs
- Diagrammtyp Oberfläche
- Diagrammtyp Netz
- Diagrammtyp Treemap
- Diagrammtyp Sunburst
- Diagrammtyp Histogramm
- Diagrammtyp Kastengrafik
- Diagrammtyp Wasserfall
- Diagrammtyp Verbund

3.2 Diagramm aus Werten erstellen

1. Markieren der zu verwendenden Tabellenwerte.
2. In der Menüleiste auswählen: *'Einfügen'*.
3. Mausklick (links) auf den gewünschten Diagrammtyp. *Das gewünschte Diagramm wird in einem Entwurf dargestellt. Zusätzlich werden in der Symbolleiste weitere Optionen angezeigte, mit deren Hilfe das Diagramm angepasst werden kann.*
4. Sofern die Zeilen mit Spalten gewechselt werden sollen: In der Menüleiste Mausklick (links) auf *'Diagrammtools'* → *'Entwurf'* auf das Symbol *'Zeile/Spalte wechseln'*.
5. In der Menüleiste Mausklick (links) auf *'Diagrammtools'* → *'Entwurf'*.
6. Mausklick (links) auf das Symbol *'Daten auswählen'*. *In dem sich öffnenden Dialogfenster wird der Diagrammdatenbereich angezeigt. Eine Änderung ist an dieser Stelle möglich.*
7. Mausklick (links) auf eine der angezeigten Datenreihe.
8. Mausklick (links) auf die Schaltfläche *'Bearbeiten'* und im Feld *'Reihenname'* Eingabe des gewünschten Namens für die Datenreihe.
9. Mausklick (links) auf die Schaltfläche *'OK'*.
10. Schritte 8 und 9 für alle vorhandenen und noch nicht beschrifteten Datenreihen wiederholen.
11. Mausklick (links) auf die Schaltfläche *'Ausgeblendete und leere Datenzellen'*.

12. Mausklick (links) auf die gewünschte Option,
    ob leere Zellen als '*Lücken*' oder '*Null*' ange-
    zeigt werden sollen.
13. Mausklick (links) auf die Schaltfläche '*OK*'.
14. Mausklick (links) auf die Schaltfläche '*OK*' des
    Dialogfensters '*Datenquelle auswählen*'.
15. In der Menüleiste Mausklick (links) auf
    '*Diagrammtools*' → '*Entwurf*'.
16. Mausklick (links) auf das Symbol '*Diagrammelement hinzufügen*' bzw. '*Schnelllayout*'.
17. Mittels Mausklick (links) Auswahl und Anpas-
    sung gewünschter Details.
18. In der Menüleiste Mausklick (links) auf
    '*Diagrammtools*' → '*Format*'.
19. Mittels Mausklick (links) Auswahl und Anpas-
    sung gewünschter Details wie u. a. die Darstel-
    lung von Schrift und Diagramm.

3.3 Diagrammplatzierung ändern

1. Mausklick (rechts) in eine Freifläche des
   Diagramms.
2. Mausklick (links) auf '*Diagramm verschieben…*'.
3. In dem sich öffnenden Dialogfenster: Auswahl
   des gewünschten Speicherorts. Anschließend
   Mausklick (links) auf die Schaltfläche '*OK*'.

3.4 Diagrammgröße schützen

1. Mausklick (rechts) in eine Freifläche des Diagramms.
2. Mausklick (links) auf *'Diagrammbereich formatieren…'*.
3. In dem sich öffnenden Dialogfenster: Mausklick (links) auf das Symbol *'Größe und Eigenschaften'*.
4. Mausklick (links) auf den Abschnitt *'Eigenschaften'*.
5. Mittels Mausklick (links) aktivieren der Option *'Von Zellposition und –größe abhängig'* bzw. *'Nur von Zellposition abhängig'*.
6. Mausklick (links) auf 'X', damit das Dialogfeld geschlossen wird.

3.5 Beschriftungen

<u>Tipp 1</u>: Dynamischen Diagrammtitel erstellen

1. Diagramm mit Diagrammtitel anlegen.
2. Mausklick (links) auf den Diagrammtitel.
3. Mausklick (links) in die Bearbeitungsleiste und Eingabe eines Gleichheitszeichens (=).
4. Mausklick (links) auf die Zelle der Tabelle, die den gewünschten Text enthält und Taste [Enter] drücken.

Sobald sich nun der Zellentext ändert, ändert sich automatisch auch der Diagrammtitel.

<u>Tipp</u> 2: Überschreiben der Beschriftungswerte

1. Mausklick (links) auf das Diagramm.
2. In der Menüleiste Mausklick (links) auf *'Diagrammtools'* → *'Entwurf'*.
3. Mausklick (links) auf das Symbol *'Diagrammelement hinzufügen'*.
4. Mausklick (links) auf den Eintrag *'Datenbeschriftungen'* → *'Weitere Datenbeschriftungsoptionen…'*.
5. Mausklick (links) auf *'Beschriftungsoptionen'* und die *Option 'Wert'* aktivieren (Häkchen muss gesetzt sein).
6. Mausklick (links) auf die Schaltfläche *'Schließen'*.
7. Mausklick (links) auf einen Wert. *Es werden alle Werte markiert.*
8. Mausklick (links) auf den zu ändernden Wert.
9. Eingabe des gewünschten Textes.
10. Mausklick (links) in eine Freifläche des Diagramms.

<u>Tipp</u> 3: Dynamische Beschriftungen erstellen

1. Mausklick (links) auf das Diagramm.
2. In der Menüleiste Mausklick (links) auf *'Diagrammtools'* → *'Entwurf'*.
3. Mausklick (links) auf das Symbol *'Diagrammelement hinzufügen'*.
4. Mausklick (links) auf den Eintrag *'Datenbeschriftungen'* → *'Weitere Datenbeschriftungsoptionen…'*.

5. Mausklick (links) auf *'Beschriftungsoptionen'* und die *Option 'Wert'* aktivieren (Häkchen muss gesetzt sein).
6. Mausklick (links) auf die Schaltfläche *'Schließen'*.
7. Mausklick (links) auf einen Wert.
    Es werden alle Werte markiert.
8. Mausklick (links) in die Bearbeitungsleiste und Eingabe eines Gleichheitszeichens (=).
9. Mausklick (links) auf die Zelle der Tabelle, die den gewünschten Text enthält und Taste [Enter] drücken. *Sobald sich nun der Zellentext ändert, ändert sich auch die Diagrammbeschriftung.*

<u>Tipp</u> 4: Datenreihe mit Wert '0' nicht beschriften

Standardmäßig bezeichnet Excel auch Datenreihen, die '0' sind. Wenn das nicht gewünscht ist, können nachstehende Schritte durchgeführt werden:

1. Mausklick (links) auf den nicht gewünschten Diagramm-Wert.
    Es werden automatisch alle Werte markiert.
2. Mausklick (links) auf den nicht gewünschten Diagramm-Wert und die Taste [Entf] drücken.

3.6 Ausgewählte Daten andersfarbig

1. Innerhalb des Diagramms: Markieren des Wertes / der Datenreihe, der bzw. die andersfarbig dargestellt werden soll. *(Jeweils nur einen Wert bzw. eine Datenreihe markieren!)*
2. Mausklick (rechts) in die Markierung.
3. In dem sich öffnenden Kontextmenü auswählen: *'Datenbeschriftungen formatieren...'*.
4. In dem sich öffnenden Dialogfenster auswählen: *'Füllung und Linie'* und im Abschnitt *'Füllung'* die gewünschte Farbe definieren.
5. Mausklick (links) auf die Schaltfläche *'Schließen'*.

Hinweis: Die Schritte müssen für alle Werte / Datenreihen, die andersfarbig dargestellt werden sollen, wiederholt werden.

3.7 Diagrammtyp ändern

1. Mausklick (rechts) auf eine freie Stelle des vorhandenen Diagramms.
2. Mausklick auf den Eintrag *'Diagrammtyp ändern...'*.
3. In dem sich öffnenden Dialogfenster gewünschte Änderungen vornehmen.
4. Mausklick (links) auf die Schaltfläche *'OK'*.

3.8 Formate ändern

1. Doppelmausklick (links) auf den Diagrammteil, welcher geändert werden soll.
2. In dem sich öffnenden Dialogfenster gewünschte Änderungen vornehmen.
3. Mausklick (links) auf die Schaltfläche *'Schließen'*.

3.9 Breiten / Abstände ändern

Tipp 1: Balkendiagramm: Balkenbreite ändern

1. Doppelmausklick (links) auf den zu verändernden Balken.
2. In dem sich öffnenden Dialogfenster: Mausklick (links) auf *'Datenreihenoptionen'*.
3. Den Wert im Feld *'Abstandsbreite'* wunschgemäß verändern (je kleiner der Abstand, je breiter der Balken).
4. Mausklick (links) auf die Schaltfläche *'Schließen'*.

Tipp 2: Kreisdiagramm: Abstände ändern

1. Doppelmausklick (links) auf den zu verändernden Balken.
2. In dem sich öffnenden Dialogfenster: Mausklick (links) auf *'Datenreihenoptionen'*.
3. Den Wert im Feld *'Kreisexplosion'* wunschgemäß verändern (je größer der Abstand, je kleiner die Teile).
4. Mausklick (links) auf die Schaltfläche *'Schließen'*.

3.10 Diagramm als Bild kopieren

1. Diagramm markieren.
2. In der Menüleiste mittels Mausklick (links) auswählen: *Start'*.
3. Mausklick (links) auf den Pfeil am Symbol *'Kopieren'*.
4. Auswahl der Option *'Als Bild kopieren…'*.
5. In dem sich öffnenden Dialogfenster auswählen der gewünschten Darstellungs- und Format-Option. Anschließend Mausklick (links) auf die Schaltfläche *'OK'*.
6. Mausklick (links) an die Stelle, an welcher das Diagramm als Bild eingefügt werden soll.
7. In der Menüleiste mittels Mausklick (links) auswählen: *'Start'*.
8. Mausklick (links) auf das Symbol *'Einfügen'*.

3.11 Diagramm als Bild speichern

1. Diagramm markieren.
2. In der Menüleiste mittels Mausklick (links) auswählen: *'Start'*.
3. Mausklick (links) auf den Pfeil am Symbol *'Kopieren'*.
4. Mittels Mausklick (links) Auswahl der Option *'Als Bild kopieren…'*.
5. In dem sich öffnenden Dialogfenster auswählen der Darstellungsoption *'Wie angezeigt'* und unter *'Format'* wählen, ob das Diagramm als Bild (Windows-Metafile-Format ohne Qualitätsverlust frei skalierbar) oder Bitmap (Pixelbild in BMP-Format) kopiert werden soll.
6. Mausklick (links) auf die Schaltfläche *'OK'*. *Damit befindet sich das Diagramm als Bild im Zwischenspeicher.*
7. Gewünschtes Programm öffnen und das Diagramm als Bild einfügen und als Grafik speichern.

3.12 Diagramm ohne Diagramm-Assistent

Selbstverständlich kann ein Diagramm auch erzeugt werden, ohne die einzelnen Schritte des Diagramm-Assistenten tatsächlich 'abzuarbeiten'. Im Standard wird das Balken-Diagramm angeboten. Nach der Erstellung lässt sich der Diagrammtyp über die Diagramm-Symbolleiste ändern.

Tipp 1: Balken mit Diagrammfunktionalität

1. In einem Excel-Tabellenblatt Eingabe der Werte, die im Diagramm dargestellt werden sollen.
2. Markieren der eingegebenen Werte.
3. Tastenkombination [Alt] + [F1] drücken.

Tipp 2: Balken ohne Diagrammfunktionalität

1. In der Spalte 'A' Eingabe der Werte, die als Balken dargestellt werden sollen. Mit der Zelle 'A1' beginnend.
2. Parallel zu den Werten in der Spalte 'B' Eingabe nachstehender Formel. Mit der Zelle 'B1' beginnend. *=WIEDERHOLEN("=";A1)*
3. Markieren der damit entstandenen Balken und die Schriftgröße auf sehr klein, bspw. 4,5 pt ändern.

Hinweis: Die Länge der Balken kann durch die Multiplikation mit einem Faktor erreicht werden. In diesem Fall wäre die Formel bspw. wie folgt abzuändern:

*=WIEDERHOLEN("=";A1*100)*

Die Ausrichtung der Balken kann mittels Ausrichtungstyp in der Zellformatierung bestimmt werden. Dazu ist wie folgt vorzugehen:

1. Markieren der Zellen mit den erzeugten Balken.
2. Mausklick (rechts).
3. In dem sich öffnenden Kontextmenü mittels Mausklick (links) Auswahl *'Zellen formatieren…'*.
4. In dem sich öffnenden Dialogfenster: Mausklick (links) auf die Registerkarte *'Ausrichtung'* und gewünschte Eingaben vornehmen.
5. Mausklick (links) auf *'OK'*.

3.13 Diagramm von Tabellendaten trennen

1. Mausklick (links) auf einen Wert der ersten Datenreihe. *Damit ist die erste Datenreihe markiert.*
2. Mausklick (links) in die Bearbeitungsleiste.
3. Taste [F9] drücken. *Damit ändert sich der Eintrag in der Bearbeitungsleiste. Das Diagramm wird von den Tabellendaten getrennt.*
4. Taste [Enter] drücken.

Hinweis: Die genannten Schritte sind für jede betroffene Datenreihe zu wiederholen.

3.14 Diagramm drucken

Tipp 1: Diagramm mit Zahlenwert drucken

1. Mausklick (links) auf das Diagramm.
   Damit wird das Diagramm aktiviert.
2. In der Menüleiste mittels Mausklick (links) auswählen: *'Datei'* → *'Drucken'*.
3. Im Feld *'Einstellungen'* die Option *'Markiertes Diagramm drucken'*.
4. Mausklick (links) auf die Schaltfläche *'Drucken'*.

Tipp 2: Diagramm ohne Zahlenwert drucken

1. Mausklick (links) auf eine Datenreihe.
   Damit wird die gesamte Datenreihe aktiviert.
2. In der Menüleiste Mausklick (links) auf *'Diagrammtools'* → *'Entwurf'*.
3. Mausklick (links) auf das Symbol *'Diagrammelement hinzufügen'*.
4. Mausklick (links) auf den Eintrag *'Datenbeschriftungen'* → *'Weitere Datenbeschriftungsoptionen…'*.
5. In dem sich öffnenden Dialogfenster: Mausklick (links) auf *'Beschriftungsoptionen'* und die *Option 'Wert'* deaktivieren' (Häkchen ist nicht gesetzt).
6. Mausklick (links) auf die Schaltfläche *'Schließen'*.
7. *Die Schritte 1 bis 6 für jede gewünschte Datenreihe wiederholen.*

8. Mausklick (links) auf das Diagramm.
   Damit wird das Diagramm aktiviert.
9. In der Menüleiste mittels Mausklick (links) auswählen: *'Datei'* → *'Drucken'*.
10. Im Feld *'Einstellungen'* die Option
    'Markiertes Diagramm drucken'.
11. Mausklick (links) auf die Schaltfläche
    'Drucken'.

4 Schutz & Sicherheit

4.1 Schutz der Datei (Arbeitsmappe)

Durch Verwendung eines Passwortes können eine Datei bzw. einzelne Bereiche gegen ungewollte Änderungen geschützt werden. Darüber hinaus kann ein Passwort gegen ungewolltes Öffnen der Datei schützen.

Tipp 1: Schreibschutzkennwort auf die Datei

Die Datei darf zwar ohne Passwort geöffnet werden, jedoch ohne Möglichkeit, diese zu ändern.

1. In der Menüleiste mittels Mausklick (links) auswählen: *'Datei'* → *'Speichern unter...'*.
2. Mausklick (links), um eine Vorauswahl des Speicherorts zu treffen.
3. Mausklick (links) auf das Symbol *'Durchsuchen'*.
4. Mausklick (links) auf die Schaltfläche *'Tools'*.
5. In dem sich öffnenden Kontextmenü: Mausklick (links) auf *'Allgemeine Optionen...'*.
6. Im Feld *'Kennwort zum Ändern'* das gewünschte Passwort vergeben.
7. Mausklick (links) auf die Schaltfläche *'OK'*.
8. In dem sich öffnenden Dialogfenster die Eingabe des soeben vergebenen Passwortes wiederholen.
9. Mausklick (links) auf die Schaltfläche *'OK'*. *Damit wird das Dialogfenster geschlossen.*

10. Mausklick (links) auf die Schaltfläche
    'Speichern'.

    Nun kann die Datei nur schreibgeschützt geöffnet werden. Für eine Änderung der enthaltenen Daten ist die Eingabe des Passwortes notwendig.

Tipp 2: Lese-/Schreibkennwort auf die Datei

Die Datei darf nur mit Passwort geöffnet werden.

1. In der Menüleiste mittels Mausklick (links) auswählen: *'Datei'* → *'Speichern unter...'*.
2. Mausklick (links), um eine Vorauswahl des Speicherorts zu treffen.
3. Mausklick (links) auf das Symbol *'Durchsuchen'*.
4. Mausklick (links) auf die Schaltfläche *'Tools'*.
5. In dem sich öffnenden Kontextmenü: Mausklick (links) auf *'Allgemeine Optionen...'*.
6. Im Feld *'Kennwort zum Öffnen'* das gewünschte Passwort vergeben.
7. Mausklick (links) auf die Schaltfläche *'OK'*.
8. In dem sich öffnenden Dialogfenster: Eingabe des soeben vergebenen Passwortes wiederholen.
9. Mausklick (links) auf die Schaltfläche *'OK'*. *Damit wird das Dialogfenster geschlossen.*
10. Mausklick (links) auf die Schaltfläche *'Speichern'*.

    Nun kann die Datei erst nach Eingabe des Passwortes geöffnet werden.

4.2 Schutz des Tabellenblattes

Nicht nur eine Datei, auch ein einzelnes Tabellenblatt kann mit einem Passwort geschützt werden.

1. In der Menüleiste mittels Mausklick (links) auswählen: *'Datei'* → *'Informationen'* → *'Arbeitsmappe schützen'* → *'Aktuelle Tabelle schützen'*.
2. In dem sich öffnenden Dialogfenster: Aktivieren der Option *'Arbeitsblatt und Inhalt gesperrter Zellen schützen'* (Häkchen muss gesetzt sein).
3. Im Feld *'Kennwort zum Aufheben des Blattschutzes'* das gewünschte Passwort eingeben.
4. Sofern notwendig, sind zusätzliche Optionen aktivieren.
5. Mausklick (links) auf die Schaltfläche *'OK'*.
6. In dem sich öffnenden Dialogfenster: Eingabe des soeben vergebenen Passwortes wiederholen.
7. Mausklick (link) auf die Schaltfläche *'OK'*.

Deaktivieren - Blattschutz aufheben

1. In der Menüleiste mittels Mausklick (links) auswählen: *'Datei'* → *'Informationen'*.
2. Im Abschnitt *'Arbeitsmappe schützen'*: Mausklick (links) auf *'Schutz aufheben'*.
3. In dem sich öffnenden Dialogfenster: Eingabe des Passwortes.
4. Mausklick (links) auf die Schaltfläche *'OK'*.

4.3 Schutz für einige Zellen

1. Markieren aller Zellen, die nicht geschützt sein sollen ([Strg] + Mausklick mit linker Maustaste).
2. Mausklick (rechts).
3. In dem sich öffnenden Kontextmenü auswählen: *'Zellen formatieren...'*.
4. Mausklick (links) auf das Registerblatt: *'Schutz'*.
5. Mittels Mausklick (links) deaktivieren des Feldes *'Gesperrt'* (Häkchen ist nicht gesetzt).
6. Mausklick (links) auf die Schaltfläche *'OK'*.
7. In der Menüleiste mittels Mausklick (links) auswählen: *'Datei'* → *'Informationen'* → *'Arbeitsmappe schützen'* → *'Aktuelle Tabelle schützen'*.
8. In dem sich öffnenden Dialogfenster: Aktivieren der Option *'Arbeitsblatt und Inhalt gesperrter Zellen schützen'* (Häkchen muss gesetzt sein).
9. Im Feld *'Kennwort zum Aufheben des Blattschutzes'* gewünschtes Passwort eingeben.
10. Mittels Mausklick (links) deaktivieren der Option *'Gesperrte Zellen auswählen'* (Häkchen ist nicht gesetzt).
11. Mittels Mausklick (links) aktivieren der Option *'Nicht gesperrte Zellen auswählen'* (Häkchen muss gesetzt sein).
12. Mausklick (links) auf die Schaltfläche *'OK'*.
13. In dem sich öffnenden Dialogfenster die Eingabe des soeben vergebenen Passwortes wiederholen.
14. Mausklick (links) auf die Schaltfläche *'OK'*.

Hinweis: Nun können nur die Zellen bearbeitet werden, deren Sperrung aufgehoben wurde. Mittels der [Tab]-Taste (vorwärts) und [Tab] + [Shift] (rückwärts) kann zwischen den veränderbaren Zellen gewechselt werden.

4.4 Leseschutz für Formeln

1. Markieren der Zellen, die Formeln enthalten.
2. In der Menüleiste mittels Mausklick (links) auswählen: *'Start'*.
3. Mausklick (links) auf das Symbol *'Kopieren'*.
4. Mausklick (rechts).
5. In dem sich öffnenden Kontextmenü auswählen der Einfügeoption: *'Werte'*.

Hinweis: Alle Formeln wurden nun in konstante Werte umgewandelt und sind nicht mehr verfügbar. Deshalb empfiehlt es sich, zuvor eine Sicherungskopie des Tabellenblattes / der Datei anzufertigen.

4.5 Unsichtbare Informationen in Zelle

Sofern in einer Zelle zwar Informationen vorhanden sind, diese jedoch nicht angezeigt werden sollen, kann wie folgt verfahren werden.

1. Markieren aller Zellen, die nicht geschützt sein sollen ([Strg] + Mausklick mit linker Maustaste).
2. Mausklick (rechts).
3. In dem sich öffnenden Kontextmenü auswählen: *'Zellen formatieren...'*.

4. Mausklick (links) auf das Registerblatt: '*Zahlen*'.
5. Im Feld '*Kategorie*' auswählen '*Benutzerdefiniert*'.
6. Den Eintrag im Feld '*Typ*' überschreiben mit: ;;; (3 Semikolons).
7. Mausklick (links) auf die Schaltfläche '*OK*'.

Hinweis: Damit sind diese Informationen nur in der Eingabezeile sichtbar, wenn die betreffende Zelle aktiviert ist. Das Verfahren eignet sich insbesondere bei Berechnungen, wenn in der Tabelle zwar das Endergebnis, jedoch nicht das Zwischenergebnis angezeigt werden soll.

4.6 Schreibschutz empfehlen

1. In der Menüleiste mittels Mausklick (links) auswählen: '*Datei*' → '*Speichern unter...*'.
2. Mausklick (links), um eine Vorauswahl des Speicherorts zu treffen.
3. Mausklick (links) auf das Symbol '*Durchsuchen*'.
4. Mausklick (links) auf die Schaltfläche '*Tools*'.
5. In dem sich öffnenden Kontextmenü: Mausklick (links) auf '*Allgemeine Optionen...*'.
6. Mittels Mausklick (links) aktivieren der Option '*Schreibschutz empfehlen*' (Häkchen muss gesetzt sein).
7. Mausklick (links) auf die Schaltfläche '*OK*'.

Deaktivieren der Schreibschutzempfehlung

1. In der Menüleiste mittels Mausklick (links) auswählen: *'Datei'* → *'Speichern unter...'*.
2. Mausklick (links), um eine Vorauswahl des Speicherorts zu treffen.
3. Mausklick (links) auf das Symbol *'Durchsuchen'*.
4. Mausklick (links) auf die Schaltfläche *'Tools'*.
5. In dem sich öffnenden Kontextmenü: Mausklick (links) auf *'Allgemeine Optionen...'*.
6. Mittels Mausklick (links) deaktivieren der Option *'Schreibschutz empfehlen'* (Häkchen ist nicht gesetzt).
7. Mausklick (links) auf die Schaltfläche *'OK'*.

4.7 Sicherungskopie der Datei erstellen

Es empfiehlt sich von jeder zu verändernden Datei eine Sicherungskopie (Backup) anzufertigen, da es nie ausgeschlossen werden kann, dass durch eine versehentliche Falscheingabe Microsoft® Excel einmal anders reagiert als erhofft.

1. In der Menüleiste mittels Mausklick (links) auswählen: *'Datei'* → *'Speichern unter...'*.
2. Mausklick (links), um eine Vorauswahl des Speicherorts zu treffen.
3. Mausklick (links) auf das Symbol *'Durchsuchen'*.
4. Mausklick (links) auf die Schaltfläche *'Tools'*.

5. In dem sich öffnenden Kontextmenü: Mausklick (links) auf '*Allgemeine Optionen...*'.
6. Mittels Mausklick (links) aktivieren der Option
   '*Sicherungsdatei erstellen*' (Häkchen muss gesetzt sein).
7. Mausklick (links) auf die Schaltfläche '*OK*'.

4.8 AutoFilter in geschütztem Blatt nutzen

1. Markieren der Spalten, in welchen ein
   AutoFilter gesetzt werden soll.
2. In der Menüleiste mittels Mausklick (links) auswählen: '*Daten*' → '*Filtern*'.
   *Damit ist die AutoFilter-Funktion bei den zuvor
   ausgewählten Spalten gesetzt.*
3. In der Menüleiste mittels Mausklick (links) auswählen: '*Datei*' → '*Informationen*' → '*Arbeitsmappe schützen*' → '*Aktuelle Tabelle schützen*'.
4. In dem sich öffnenden Dialogfenster: Aktivieren der *Option '*Arbeitsblatt und Inhalt gesperrter
   Zellen schützen*' (Häkchen gesetzt).
5. Im Feld '*Kennwort zum Aufheben des Blattschutzes*' das gewünschte Passwort eingeben.
6. Mittels Mausklick (links) aktivieren der Eigen-
   schaft '*AutoFilter verwenden*' (Häkchen gesetzt).
7. Mausklick (links) auf die Schaltfläche '*OK*'.
8. In dem sich öffnenden Dialogfenster das Kennwort nochmals eingeben.
9. Mausklick (links) auf die Schaltfläche '*OK*'.

*Nun ist das Blatt zwar geschützt, die Anwendung
der AutoFilter-Funktion jedoch möglich.*

4.9 Vergessene Passwörter

Sensible Daten können mit Passwörtern geschützt werden. Geraten die Passwörter jedoch in Vergessenheit, wären die Dateien beinahe unbrauchbar.

Um das zu verhindern, stehen im Internet diverse Tools zum Download bereit, bspw. 'Password_2007_2010.xlam' und 'Password_2015.xlam'.

Mit den Tools können jene Passwörter 'geknackt' werden, die ein einzelnes Blatt bzw. eine Mappe schützen, die innerhalb einer nicht geschützten Arbeitsmappe vergeben wurden. Das schließt aus, dass Passwörter, die über die Funktion *'Datei'* → *'Speichern unter...'* → *'Durchsuchen'* → *'Tools'* → *'Allgemeine Optionen...'* → *'Kennwort zum Öffnen'* vergeben wurden und die Datei selbst schützen sollen, damit ebenfalls 'geöffnet' werden können.

1. Das gewünschte Tool aus dem Internet downloaden.
2. In Excel: In der Menüleiste auswählen: *'Datei'* → *'Optionen'* → *'Add-Ins'*.
3. In dem sich öffnenden Dialogfenster: Im Feld *'Verwalten'* Auswahl der Option *'Excel-Add-Ins'* und Mausklick (links) auf die Schaltfläche *'Los…'*.
4. In dem sich öffnenden Dialogfenster: Mausklick (links) auf die Schaltfläche *'Durchsuchen...'*.
5. In dem sich öffnenden Dialogfenster die Tool-Datei auswählen und Mausklick (links) auf die Schaltfläche *'OK'*.

6. Mausklick (links) auf die Schaltfläche 'OK'. *Damit wird das Dialogfenster 'Add-Ins' geschlossen.*
7. In dem sich öffnenden Dialogfenster: Mausklick (links) auf die Schaltfläche 'OK'.

Für das erwähnte Add-In würden damit in Excel unter dem Menüpunkt 'Straxx' die Optionen 'Unprotect sheet' (Blattschutz), 'Unprotect workbook' (Arbeitsmappenschutz) und 'Unprotect workbook' (Blatt- und Arbeitsmappenschutz) zur Verfügung stehen.

Mittels Mausklick (links) auf den jeweiligen Eintrag kann nun das Passwort aufgehoben werden.

Einerseits kann also ein Blick in das Internet helfen, wenn ein Passwort in die Vergessenheit geriet. Andererseits ist das ein Zeichen, bei tatsächlich sensiblen Daten nicht nur die Funktionalität 'Blattschutz' zu verwenden, da diese Tools für jedermann zugänglich sind.

4.10 Excel Viewer

Damit Excel-Tabellen auch für Anwender ohne Excel betrachtbar sind, kann im Internet unter Microsoft® ein Excel-Viewer gedownloaded werden. Mit diesem kann u. a. eine Excel-Tabelle geöffnet, der Dateninhalt sortiert, kopiert und ausgedruckt werden.

5 Kommunikation mit Anwendungen

5.1 Allgemein

5.1.1 Dezimalzahlen

An einem PC mit deutscher Ländereinstellung kann es beim Einlesen von Dezimalzahlen anderer Programme in Microsoft® Excel zu Problemen kommen, wenn in diesen statt dem Trennzeichen ',' ein '.' verwendet wurde. Das kommt bspw. regelmäßig bei Daten aus den USA oder der Schweiz vor. Nachstehende Schritte können durchgeführt werden, um mit diesen Daten dennoch weiterrechnen zu können:

<u>Tipp</u> 1: In Excel

1. Die betreffenden Datensätze, ggf. das gesamte Tabellenblatt markieren.
2. In der Menüleiste mittels Mausklick (links) auswählen: *'Start'* → *'Suchen und Auswählen'* → *'Ersetzen...'*.
3. In dem sich öffnenden Dialogfenster im Feld *'Suchen nach'* Eingaben des Zeichens '.' und im Feld *'Ersetzen durch'* Eingabe des Zeichens ','.
4. Mausklick (links) auf die Schaltfläche *'Alle ersetzen'*.

Hinweis: Wird eine Datei in Microsoft® Excel eingelesen, die als Dezimaltrennzeichen statt eines Kommas einen Punkt enthält, kann es vorkommen, dass Excel die Daten teilweise als Datum interpretiert.

<u>Tipp</u> 2: In Windows® (Version 7)

1. In Microsoft® Windows® mittels Mausklick (links) auswählen:
   'Start' → *'Systemsteuerung'* → *'Zeit, Sprache und Region'* → *'Region und Sprache'*.
2. Mausklick (links) auf den Reiter *'Formate'*.
3. Mausklick (links) auf die Schaltfläche *'Weitere Einstellungen…'*.
4. Im Feld *'Dezimaltrennzeichen'* das für Deutschland voreingestellte 'Komma' durch einen 'Punkt' ersetzen.
   Das Vorgehen sollte genau überlegt sein, da die Änderung nicht nur für die eine Datei gültig ist, sondern nachhaltig für alle sein wird.
5. Mausklick (links) auf die Schaltfläche *'OK'*.
   Damit wird der Anpassungsdialog geschlossen.
6. Mausklick (links) auf die Schaltfläche 'OK'.

   Damit wird das Dialogfenster für die 'Region und Sprache' geschlossen.

5.1.2 Text in Spalten

Bei Daten, die in Excel kopiert wurden bzw. beim Import einer reinen Text-Datei, (bspw. beim Einlesen von Börsenkursen oder tabellarischen Daten aus dem Internet) machen sich oft nachträgliche Spaltenaufteilungen erforderlich. Diesbezüglich verfügt Excel über die Funktion *'Text in Spalten'* aufzuteilen.

1. (Sofern nicht vorhanden) Einfügen von Leerzellen / Leerspalten in der benötigten Anzahl gemäß des zu trennenden Textes.
2. Markieren des zu trennenden Textes.
3. In der Menüleiste mittels Mausklick (links) auswählen: *'Daten'* → *'Text in Spalten'*.
4. Mittels Mausklick (links) aktivieren der Option *'Getrennt'*.
5. Mausklick (links) auf die Schaltfläche *'Weiter'*.
6. Mittels Mausklick (links) aktivieren des Trennungszeichens (meistens Leerzeichen).
7. Mausklick (links) auf die Schaltfläche *'Weiter'*.
8. Aktivieren des gewünschten Datenformates (Änderung oft bei Zeitangaben notwendig).
9. Mausklick (links) auf die Schaltfläche *'Fertig stellen'*.

5.2 Excel und Word

5.2.1 Excel-Daten in Word

Die Software Microsoft® Excel ist ein Office-Produkt und mit vielen anderen Programmen kompatibel.

Tipp 1: Daten aus Excel in Word-Tabelle einfügen

In Excel:

1. Betreffende Datensätze markieren.
2. Tatenkombination [Strg] + [c] drücken.

In Word (Version 2016):

3. In der Menüleiste mittels Mausklick (links) auswählen: *'Einfügen'*.
4. Mausklick (links) auf das Symbol für *'Tabelle'*.
5. Gewünschte Zeilen und Spaltenanzahl
   eingeben.
6. Markieren des Tabellenbereiches, in welchem
   die Daten aus Excel eingefügt werden sollen.
7. Tatenkombination [Strg] + [v] drücken.

<u>Tipp</u> 2: Daten aus Excel in Word einbetten

In Excel:

1. Betreffende Datensätze markieren.
2. Tatenkombination [Strg] + [c] drücken.

In Word (Version 2016):

3. In der Menüleiste mittels Mausklick (links) auswählen: *'Einfügen'*.
4. Mausklick (links) auf den Pfeil unterhalb des
   Symbols für *'Tabelle'*.
5. Mausklick (links) auf den Eintrag
   'Excel-Kalkulationstabelle'.
6. Gewünschte Zeilen und Spaltenanzahl
   eingeben.
7. Markieren des Tabellenbereiches, in welchem
   die Daten aus Excel eingefügt werden sollen.
8. Tatenkombination [Strg] + [v] drücken.

Tipp 3: Daten aus Excel als Objekt in Word verknüpfen

(Änderungen in der Quelldatei von Excel wirken sich in der Zieldatei von Word aus.)

In Word (Version 2016):

1. In der Menüleiste mittels Mausklick (links) auswählen: *'Einfügen'* → Symbol *'Objekt...'* *(in der Gruppe Text).*
2. In dem sich öffnenden Dialogfenster auswählen: Registerkarte *'Aus Datei erstellen'.*
3. Im Feld *'Dateiname'* die betreffende Datei mit Pfad angeben.
4. Mittels Mausklick (links) aktivieren der Option *'Verknüpfen'. Damit erstellt Word keine Abbildung, sondern greift auf die Original-Datei von Excel zurück.*
5. Mausklick (links) auf die Schaltfläche *'OK'.*

Hinweis: Eine einzubettende Excel-Tabelle bzw. ein Objekt dürfen nicht größer als eine Seite sein. Darüberhinausgehende Zeilen und Spalten werden 'abgeschnitten'. Sofern die Tabelle größer ist, können nachstehende Schritte helfen:

In Excel:

1. Den betreffenden Tabellenbereich markieren.
2. Tastenkombination [Strg] + [c] drücken.

In Word (Version 2016):

3. In der Menüleiste auswählen: *'Start'.*
4. Mausklick (links) auf den Pfeil unterhalb des Symbols *'Einfügen'.*

5. Mittels Mausklick (links) den Eintrag *'Inhalte einfügen...'* auswählen.
6. Mittels Mausklick (links) in dem sich öffnenden Dialogfenster auswählen: Listeneintrag *'Formatierten Text (RTF)'*.
7. Mausklick (links) auf die Schaltfläche *'OK'*.

Bei einer sehr breiten Tabelle empfiehlt es sich, der entsprechenden Word-Seite das Querformat zuzuweisen.

In Word (Version 2016):

1. Cursor an die entsprechende Stelle setzen, an der die Tabelle erscheinen soll.
2. In der Menüleiste mittels Mausklick (links) auswählen: *'Layout'*.
3. Mausklick (links) auf den Pfeil neben dem Symbol *'Umbrüche'*.
4. In dem sich öffnenden Dialogfenster: Mittels Mausklick (links) aktivieren der Option *'Abschnittsumbrüche - Nächste Seite'*.
5. Taste [Enter] drücken (sodass der Cursor am Beginn der zweiten Leerzeile steht).
6. In der Menüleiste mittels Mausklick (links) auswählen: *'Layout'*.
7. Mausklick (links) auf den Pfeil neben dem Symbol *'Umbrüche'*.
8. In dem sich öffnenden Dialogfenster: Mittels Mausklick (links) aktivieren der Option *'Abschnittsumbrüche - Nächste Seite'*.
9. Mit der Taste *'Nach oben'* in die dazwischen entstandene Seite wechseln.

10. In der Menüleiste mittels Mausklick (links) auswählen: '*Layout*'.
11. Mittels Mausklick (links) auswählen: '*Ausrichtung*' → '*Querformat*'.

In Excel:

12. Betreffenden Tabellenbereich markieren.
13. Tastenkombination [Strg] + [c] drücken.

In Word (Version 2016):

14. Mausklick (rechts).
15. In dem sich öffnenden Kontextmenü mittels Mausklick (links) auswählen: '*Verknüpfen und ursprüngliche Formatierung beibehalten*' oder '*Verknüpfen und Zielformatvorlagen verwenden*'.

Hinweis: Verknüpfte Excel-Tabellen sollten im Word-Dokument nicht nachträglich formatiert werden, da diese Änderungen aufgrund einer automatischen Aktualisierung verloren gehen können. Daher empfiehlt sich, eventuelle Anpassungen stets in der Ursprungstabelle, also in Microsoft® Excel vorzunehmen.

<u>Tipp</u> 4: Als Objekt eingebettete Excel-Tabelle ändern

<u>Beispiel</u>: Zusätzliche Zeile einfügen

1. Doppelmausklick (links) auf die eingebettete Excel-Tabelle.
   Die Umgebung von Excel wird geöffnet.
2. Mausklick (links) auf den Zeilenkopf der Zeile, über welcher eine Zeile eingefügt werden soll.

3. Tastenkombination [Strg] + [+] drücken. *Damit wird eine zusätzliche Zeile eingefügt.*

Tipp 5: Tabellenbeschriftungen automatisch erzeugen

<u>Beispiel</u>: Beschriftung mit fortlaufender Nummerierung unter jeder eingefügten Excel-Tabelle

In Word (Version 2016):

1. In der Menüleiste mittels Mausklick (links) auswählen: *'Verweise'* → *'Beschriftung einfügen'*.
2. In dem sich öffnenden Dialogfenster: Mausklick (links) auf die Schaltfläche *'AutoBeschriftung…'*.
3. In dem sich nun öffnenden Dialogfenster mittels Mausklick (links) aktivieren: *'MicrosoftExcel Worksheet'*.
4. Im Bereich Optionen / Feld *'Bezeichnung'* mittels Mausklick (links) auswählen des Eintrages *'Tabelle'*
5. Im Bereich Optionen / Feld *'Position'* mittels Mausklick (links) auswählen der gewünschten Position der Beschriftung (über bzw. unter dem Element).
6. Mausklick (links) auf die Schaltfläche *'OK'*.

Hinweis: Die automatische Beschriftung wirkt sich auf alle Word-Dokumente aus, in denen künftig eine Excel-Tabelle eingefügt wird. Sie kann auf gleichem Weg wieder deaktiviert werden.

Tipp 6: Gitternetzlinien nicht anzeigen

Damit bei den übernommenen Tabellen aus Excel die Gitternetzlinien in Word nicht angezeigt werden, können nachstehende Schritte durchgeführt werden:

Variante 1: Vor Übernahme der Tabelle in Word

In Excel:

1. In der Menüleiste mittels Mausklick (links) auswählen: *'Seitenlayout'*.
2. In der Gruppe *'Blattoptionen'* / Bereich *'Gitternetzlinien'* mittels Mausklick (links) deaktivieren der Option *'Ansicht'* (Häkchen darf nicht gesetzt sein).

   Nun kann die Tabelle ohne Gitternetzlinien aus Excel in Word übernommen werden.

Variante 2: Nach Übernahme in Word

In Word (Version 2016):

1. Doppelmausklick (links) auf Excel-Tabelle.
2. In der Menüleiste mittels Mausklick (links) auswählen: *'Ansicht'*.
3. Mittels Mausklick (links) deaktivieren der Option *'Gitternetzlinien'*.

5.2.2 Einfügen einer Word-Tabelle in Excel

In Microsoft® Excel lassen sich auch Tabellen aus Word einfügen.

Tipp 1: Word-Tabelle kopieren und einfügen

In Word (Version 2016):

1. Markieren der zu kopierenden Tabelle.
2. Tastenkombination [Strg] + [c] drücken.

In Excel:

3. Mausklick (links) in die Zelle, in welcher die Tabelle beginnen soll.
4. Tastenkombination [Strg] + [v] drücken.

Tipp 2: Word-Tabelle als Word-Objekt einfügen

In Word (Version 2016):

1. Markieren der zu kopierenden Tabelle.
2. Tastenkombination [Strg] + [c] drücken.

In Excel:

3. Mausklick (rechts) in die Zelle, in welcher die Tabelle beginnen soll.
4. In der Menüleiste mittels Mausklick (links) auswählen: *'Einfügen'*.
5. Mausklick (links) auf das Symbol *'Objekt'* *(in der Gruppe Text)*.
6. In dem sich öffnenden Dialogfenster mittels Mausklick (links) den Reiter *'Neu erstellen'* und darin die die Option *'Microsoft Word Document'* auswählen.
7. Mausklick (links) auf die Schaltfläche *'OK'*.

5.2.3 Diagramm aus Excel in Word einfügen

Tipp 1: Diagramm aus Excel in Word einfügen

Variante 1:

1. Das Programm Excel öffnen.
2. Das Programm Word öffnen.

In Excel:

3. Mittels Mausklick (links) das Diagramm markieren.
4. Tastenkombination [Strg] + [c] drücken.

In Word (Version 2016):

5. Cursor an die gewünschte Position setzen, an welcher das Diagramm eingefügt werden soll.
6. In der Menüleiste auswählen: '*Start*'.
7. Mausklick (links) auf den Pfeil unterhalb des Symbols 'Einfügen'.
8. Mittels Mausklick (links) den Eintrag '*Inhalte einfügen...*' auswählen.
9. Mittels Mausklick (links) in dem sich öffnenden Dialogfenster die Option '*Verknüpfung einfügen*' und '*Microsoft Office Excel-Diagramm-Objekt*' auswählen.
10. Mausklick (links) auf die Schaltfläche '*OK*'.

Hinweis: Wird das Diagramm in Excel geändert, werden die Änderungen in Word automatisch übernommen.

Variante 2:

In Excel:

1. Mittels Mausklick (links) das Diagramm markieren.
2. Tastenkombination [Strg] + [c] drücken.

In Word (Version 2016):

3. In der Menüleiste auswählen: 'Start'.
4. Mausklick (links) auf den Pfeil unterhalb des Symbols 'Einfügen'.
5. Mittels Mausklick (links) die Einfügeoption *'Grafik'* auswählen.

Tipp 2: Excel-Diagramm-Größe in Word ändern

In Word (Version 2016):

1. Mausklick (rechts) auf das Diagramm.
2. Mittels Mausklick (links) in dem sich öffnenden Kontextmenü: Auswahl des Eintrages *'Objekt formatieren...'*.
3. In dem sich öffnenden Dialogfenster: Auswahl der Registerkarte *'Größe'*.
4. Im Bereich *'Skalieren'* die gewünschte Höhe und Breite eingeben.
5. Mausklick (links) auf die Schaltfläche *'OK'*.

5.2.4 Excel für Seriendruck in Word

Tabellen aus Microsoft® Excel lassen sich als 'Datenspender' für Serienbriefe in Word verwenden. Bei dem Import der Daten aus Excel in Word ist zu beachten, dass auf das richtige Tabellenblatt zugegriffen wird.

Voraussetzung für den Seriendruck in Microsoft® Word mit Daten aus Excel ist der Einsatz benannter Bereiche in der Excel-Arbeitsmappe.

<u>Tipp</u> 1: Datensätze aus Excel als 'Datenspender'

In Excel:

1. Markieren aller betreffenden Datensätze.
2. Mausklick (rechts).
3. In dem sich öffnenden Kontextmenü mittel Mausklick (links) den Eintrag *'Namen definieren…'* auswählen.
4. Im Feld *'Name'* den gewünschten Namen für den Datensatzbereich vergeben.
5. Mausklick (links) auf die Schaltfläche *'OK'*.

In Word (Version 2016):

6. Mittels Mausklick (links) in der Menüleiste auswählen: *'Sendungen'*.
7. In der Menüleiste mittels Mausklick (links) auswählen: *'Empfänger auswählen'* → *'Vorhandene Liste verwenden'*.
8. Mittels Mausklick (links) in dem sich öffnenden Dialogfenster die Excel-Datei auswählen und Mausklick (links) auf die Schaltfläche *'Öffnen'*.

9. Mittels Mausklick (links) in dem sich öffnenden Dialogfenster den Namen des erstellten Datensatzbereiches auswählen.

10. Mausklick (links) ob der Datensatzbereich Überschriften enthält und Mausklick (links) auf die Schaltfläche 'OK'.

Nun wurde die Datenquelle übernommen, und es kann der Aufbau des Seriendokuments in Word erfolgen.

Tipp 2: Eindeutigkeit der Datensätze für Word-Serienbriefe

Um einen ordnungsgemäßen Ausweis der Daten aus Excel im Seriendokument von Word zu garantieren, ist es wichtig, dass die zusammengehörigen Sätze eindeutig erkennbar sind.

Familienname

1. In der Spalte des Familiennamens auch dann den Familiennamen eingeben, wenn er identisch zur vorangegangenen Zeile ist.

Zusätzliches Merkmal

1. Mausklick (links) auf den Spaltenkopf, vor welchem die Spalte mit dem zusätzlichen Merkmal eingefügt werden soll.
2. Mausklick (rechts).
3. Mittels Mausklick (links) den Eintrag *'Zellen einfügen'* auswählen.

4. In der soeben neu eingefügten Spalte: Eingabe des zusätzlichen Merkmals pro Datensatz, bspw. Kunde 1, Kunde 2, Kunde 3, …
   Nun kann beim Seriendruck in Word das zusätzlich eindeutige Unterscheidungskriterium, bspw. die Kundennummer mitgeführt werden. Verwechslungen sind damit ausgeschlossen.

Tipp 3: Seriendruck mit gefilterten Daten

In Word (Version 2016):

1. Mittels Mausklick (links) in der Menüleiste auswählen: *'Sendungen'*.
2. In der Menüleiste mittels Mausklick (links) auswählen: *'Empfänger auswählen'* → *'Vorhandene Liste verwenden'*.
3. Mittels Mausklick (links) in dem sich öffnenden Dialogfenster die Excel-Datei auswählen und Mausklick (links) auf die Schaltfläche *'Öffnen'*.
4. Mittels Mausklick (links) in dem sich öffnenden Dialogfenster die Tabelle mit den enthaltenen Datensätzen auswählen.
5. Mausklick (links) ob der Datensatzbereich Überschriften enthält und Mausklick (links) auf die Schaltfläche *'OK'*.
6. Mausklick (links) in der Menüleiste auf *'Sendungen'* → *'Empfängerliste bearbeiten'*.
7. Empfängerliste bearbeiten.
8. Mausklick (links) auf die Schaltfläche *'OK'*.

Nun wurde die Datenquelle übernommen und es kann mit dem Aufbau des Seriendokuments in Word weiter verfahren werden.

5.3 Excel-Diagramm in PowerPoint

Mit nachstehenden Schritten kann ein Diagramm aus Excel in eine PowerPoint-Präsentation eingebunden werden.

<u>Tipp 1:</u>

In Excel:

1. Markieren des in PowerPoint einzubindenden Diagramms.
2. Tastenkombination [Strg] + [c] drücken.

In PowerPoint:

3. Tastenkombination [Strg] + [v] drücken.

<u>Tipp 2:</u>

In Excel:

1. Markieren des in PowerPoint einzubindenden Diagramms.

In PowerPoint:

2. Cursor an die gewünschte Position setzen, an welcher das Diagramm eingefügt werden soll.
3. Mausklick (rechts).
4. In dem sich öffnenden Kontextmenü mittels Mausklick (links) die Einfügeoption '*Grafik*' auswählen.

5.4 Outlook-Daten als Datei für Excel

In Outlook 2013:

1. In der Menüleiste auswählen: *'Datei'* → *'Öffnen und exportieren'* → *'Importieren/Exportieren'*.
2. In dem sich öffnenden Dialogfenster: Auswahl der Aktion *'In Datei exportieren'*.
3. Mausklick (links) auf die Schaltfläche *'Weiter >'*.
4. In dem sich öffnenden Dialogfenster: Auswahl des zu erstellenden Dateityps *'Durch Trennzeichen getrennte Werte'*.
5. Mausklick (links) auf die Schaltfläche *'Weiter >'*.
6. In dem sich öffnenden Dialogfenster: Auswahl des Ordners, aus welchem die Daten exportiert werden sollen.
7. Mausklick (links) auf die Schaltfläche *'Weiter'*.
8. In dem sich öffnenden Dialogfenster: Im Feld *'Exportierte Datei speichern unter'* Angabe des betreffenden Dateinamens.
9. Mausklick (links) auf die Schaltfläche *'Weiter >'*.
10. In dem sich öffnenden Dialogfenster: Mausklick (links) auf die Schaltfläche *'Benutzerdefinierte Felder zuordnen...'*.
11. In dem sich öffnenden Dialogfenster: Zuordnung der zu exportierenden Felder aus Microsoft® Office Outlook bzw. der zu importierenden Felder in Microsoft® Excel.
12. Mausklick (links) auf die Schaltfläche *'OK'*.

Damit wird das Dialogfenster 'Felder zuordnen' geschlossen.

13. Mausklick (links) auf die Schaltfläche *'Fertig stellen'. Damit wird das Dialogfenster 'In eine Datei exportieren' geschlossen.*

5.5 Excel-Datei als Webseite / html speichern

<u>Tipp</u> 1: Ohne Konfigurationseinstellungen

1. In der Menüleiste auswählen:
   'Datei' → *'Speichern unter...'.*
2. Mittels Mausklick (links) eine Vorauswahl für den Speicherort treffen.
3. Mausklick (links) auf das Symbol *'Durchsuchen'.*
4. In dem sich öffnenden Dialogfenster mittels Mausklick (links) als Dateityp auswählen: *'Webseite'.*
5. Mittels Mausklick (links) auswählen, ob die *'Gesamte Arbeitsmappe'* oder ein Ausschnitt als Webseite gespeichert werden soll. *Bei der Auswahl 'Gesamte Arbeitsmappe' erfolgt die Erstellung eines HTML-Dokumentes mit Navigationsleiste, über die sich die einzelnen Tabellenblätter auswählen lassen. Wurde ein Ausschnitt gewählt, wird dieser als einzelne Webseite dargestellt.*
6. Mausklick (links) auf die Schaltfläche *'Speichern'. Das HTML-Dokument wird ohne Konfigurationsangaben gespeichert.*

Tipp 2: Mit Konfigurationseinstellungen

1. In der Menüleiste auswählen:
   'Datei' → *'Speichern unter...'*.
2. Mittels Mausklick (links) eine Vorauswahl für den Speicherort treffen.
3. Mausklick (links) auf das Symbol *'Durchsuchen'*.
4. In dem sich öffnenden Dialogfenster mittels Mausklick (links) als Dateityp auswählen: *'Webseite'*.
5. Mittels Mausklick (links) auswählen, ob die *'Gesamte Arbeitsmappe'* oder ein Ausschnitt als Webseite gespeichert werden soll. *Bei der Auswahl 'Gesamte Arbeitsmappe' erfolgt die Erstellung eines HTML-Dokumentes mit Navigationsleiste, über die sich die einzelnen Tabellenblätter auswählen lassen. Wurde ein Ausschnitt gewählt, wird dieser als einzelne Webseite dargestellt.*
6. Mausklick (links) auf die Schaltfläche *'Veröffentlichen...'*.
7. In dem sich öffnenden Dialogfenster: Auswahl der zu veröffentlichenden Elemente und Optionen.
8. Im Bereich *'Titel'* Mausklick (links) auf die Schaltfläche *'Ändern...'*.
9. Eingabe des gewünschten Titels und Mausklick (links) auf die Schaltfläche *'OK'*.
10. Im Feld *'Dateiname'* Angabe des betreffenden Dateinamens mit Pfad.
11. Mausklick (links) auf die Schaltfläche *'Veröffentlichen'*.

Hinweis: Sofern in Erwägung gezogen wird, Daten aus Excel in andere Programme zu exportieren, ist es grundsätzlich empfehlenswert, auf Sonderzeichen bspw. einen Schrägstrich zu verzichten.

6 Sonstiges

6.1 Zeilen

6.1.1 Leerzeilen einfügen

Tipp 1: Leerzeilen oberhalb der aktiven Zelle

1. Die Zeile markieren, über die eine Leerzeile eingefügt werden soll. (Falls mehrere Zeilen eingefügt werden sollen, entsprechend so viele Zeilen markieren.)
2. Tastenkombination [Strg] + [+] drücken.

Tipp 2: Leerzeilen unterhalb der aktiven Zelle

1. Die Zeile markieren, unter die eine Leerzeile eingefügt werden soll.
2. Taste [Shift] drücken und gedrückt halten.
3. Mausklick (links) auf das Kontrollkästchen in der linken unteren Ecke der markierten Zeile und die Maustaste gedrückt halten.
4. Mit der gedrückten Maustaste so viele Zeilen nach unten ziehen wie Leerzeilen eingefügt werden sollen.
5. Maustaste und Taste [Shift] loslassen.

6.1.2 Leerzeilen überspringen

Wenn zwei Spalten zusammengefügt, jedoch dabei die Leerzeilen übersprungen werden sollen, gibt es in Microsoft® Excel eine einfache Möglichkeit.

1. Markieren der ersten Spalte.
2. Tastenkombination [Strg] + [c] drücken. *Damit in die erste Spalte in die Zwischenablage kopiert.*
3. Markieren der zweiten Spalte, die das Gegenstück zur ersten Spalte darstellt.
4. In der Menüleiste mittels Mausklick (links) auswählen: *'Start'*.
5. Mausklick (links) auf den Pfeil unterhalb des Symbols *'Einfügen'*.
6. Mittels Mausklick (links) den Eintrag *'Inhalte einfügen...'* auswählen.
7. In dem sich öffnenden Dialogfenster mittels Mausklick (links): Aktivieren der Option *'Leerzeilen überspringen'*.
8. Mausklick (links) auf die Schaltfläche *'OK'*.

6.2 Seitenwechsel (Seitenumbruch)

<u>Tipp</u> 1: Seitenwechsel einfügen

Variante 1: Horizontalen Seitenwechsel einfügen

1. Markieren der Zeile, die auf die neue Seite kommen soll.
2. In der Menüleiste mittels Mausklick (links) auswählen: *'Seitenlayout'* → *'Umbrüche'* → *'Seitenumbruch einfügen'*.

Variante 2: Vertikalen Seitenwechsel einfügen

1. Markieren der Spalte, die auf die neue Seite kommen soll.
2. In der Menüleiste mittels Mausklick (links) auswählen: *'Seitenlayout'* → *'Umbrüche'* → *'Seitenumbruch einfügen'*.

Tipp 2: Seitenwechsel verschieben

1. In der Menüleiste auswählen: *'Ansicht'* → *'Umbruchvorschau'*.
2. Mausklick (links) auf die Seitenumbruch-Linie (Mauszeiger wird mit zwei Pfeilspitzen angezeigt) und Maustaste gedrückt halten.
3. Verschieben der angezeigten Seitenumbruch-Linie.
4. Maustaste wieder loslassen.

Hinweis: Der manuell eingefügte Seitenumbruch wird mit einer durchgezogenen Linie und der automatisch erzeugte Seitenumbruch mit einer gestrichelten Linie dargestellt.

Tipp 3: Seitenumbruch löschen

Variante 1: Horizontalen Seitenumbruch löschen

1. Markieren der Zeile, über die der Seitenumbruch aufgehoben werden soll.
2. In der Menüleiste mittels Mausklick (links) auswählen: *'Seitenlayout'* → *'Umbrüche'* → *'Seitenumbrüche entfernen'*.

Variante 2: Vertikalen Seitenwechsel löschen

1. Markieren der Spalte, vor welcher der Seitenumbruch aufgehoben werden soll.
2. In der Menüleiste mittels Mausklick (links) auswählen: *'Seitenlayout'* → *'Umbrüche'* → *'Seitenumbrüche entfernen'*.

6.3 Eingabetaste

In Microsoft® Excel können verschiedenen Tastaturoptionen eingestellt werden. So ist es durchaus normal, dass einige gewohnte Tastenfunktionen nicht auf jedem Rechner zum gleichen Ergebnis führen. Wenn beispielsweise die Eingabetaste [Enter] ohne die erwünschte Funktion bleibt, schaffen nachstehende Schritte Abhilfe.

1. In der Menüleiste mittels Mausklick (links) auswählen: *'Datei'* → *'Optionen'* → *'Erweitert'*.
2. In dem sich öffnenden Dialogfenster mittels Mausklick (links) aktivieren der Option *'Markierung nach Drücken der Eingabetaste verschieben'* und die gewünschte Richtung angeben.
3. Mausklick (links) auf die Schaltfläche *'OK'*.

   Damit ist die Eingabetaste mit der geänderten Funktion belegt.

6.4 Kopieren ohne Überschreiben

Tipp 1: Kopieren ohne Überschreiben des Zielbereichs

1. Die zu kopierenden Zellen markieren.
2. Tastenkombination [Strg] + [c] drücken.
3. Den markierten Bereich mit der gedrückten linken Maustaste an die gewünschte Position verschieben und vor dem Loslassen der Maustaste die Tastenkombination [Strg] + [Shift] drücken.

Hinweis: Der Zellinhalt der Zielzellen wird entsprechend verschoben.

Tipp 2: Kopieren von Formeln ohne Überschreiben von Formaten des Zielbereichs

1. Markieren der zu kopierenden Zellen.
2. Tastenkombination [Strg] + [c] drücken.
3. Mausklick (links) auf die erste Zielzelle.
4. In der Menüleiste mittels Mausklick (links) auswählen: *'Start'*.
5. Mausklick (links) auf den Pfeil unterhalb des Symbols *'Einfügen'* und Auswahl der Option *'Inhalte einfügen...'*.
6. Mittels Mausklick (links) aktivieren der Option *'Formeln'*.
7. Mausklick (links) auf die Schaltfläche *'OK'*.

Hinweis: Es werden die Inhalte (Formeln / Werte) der markierten Zellen auf den Zielbereich übertragen. Die Formatierung des Zielbereiches bleibt jedoch erhalten.

6.5 Textfeld

<u>Tipp</u> 1: Textfeld unabhängig von Spaltenbreite / Spaltenhöhe erstellen

1. In der Menüleiste mittels Mausklick (links) auswählen: *'Einfügen'* → *'Text'*.
2. Mausklick (links) auf die Schaltfläche *'Textfeld'*.
3. Textfeld in gewünschter Größe aufziehen.

<u>Tipp</u> 2: Textfeld abhängig von Spaltenbreite / Spaltenhöhe erstellen

1. In der Menüleiste mittels Mausklick (links) auswählen: *'Einfügen'* → *'Text'*.
2. Mausklick (links) auf die Schaltfläche *'Textfeld'*.
3. Taste [Alt] drücken und gedrückt halten.
4. Textfeld in gewünschter Größe aufziehen.

6.6 Trennlinie wenn Bedingung erfüllt ist

<u>Beispiel</u>: Trennlinie nach Namenswechsel einfügen

1. Markieren der relevanten Datensätze.
2. In der Menüleiste mittels Mausklick (links) auswählen: *'Daten'*.
3. Mausklick (links) auf das Symbol *'Sortieren'*.
4. In dem sich öffnenden Dialogfenster mittels Mausklick (links) Eingabe der gewünschten Sortierkriterien.
5. Mausklick (links) auf die Schaltfläche *'OK'*.

6. Markieren der Zellen, in dem die Formatierung vorgenommen werden soll. (Beispiel: Spalte B)

7. Taste Tab ⇥ solange drücken bis die erste sortierte Zelle aktiv ist (weiß). (Beispiel: Zelle B1)

8. In der Menüleiste auswählen:
   'Start' → 'Bedingte Formatierung' → 'Neue Regel...' → 'Formel zur Ermittlung der zu formatierenden Zellen verwenden'.

9. Eingabe der Formel für das Beispiel:
   =$B1<>$B2 *(Die Formel wird automatisch auf die anderen markierten Zellen übertragen. Je nachdem in welcher Zelle die Datensätze beginnen, ist die Formel entsprechend anzupassen.)*

10. Mausklick (links) auf die Schaltfläche *'Formatieren...'.*

11. In dem sich öffnenden Dialogfenster mittels Mausklick (links) die Registerkarte *'Rahmen'* auswählen.

12. Eingabe der gewünschten Rahmenoptionen. (Beispiel: Rahmenlinie – unten)

13. Mausklick (links) auf die Schaltfläche *'OK'.*

14. Mausklick (links) auf die Schaltfläche *'OK'.*
   Damit wird das Dialogfenster für die Formatierungsregel geschlossen.

Hinweis: Die Formatierung ist nach jeder Neusortierung erneut vorzunehmen.

6.7 Dateiformat

Mit der Abspeicherung einer Datei unter einem kombinierten Dateiformat wird gewährleistet, dass auch ältere Excel-Versionen eine Datei, die mit einer neueren Version geschrieben wurde, lesen können.

1. In der Menüleiste mittels Mausklick (links) auswählen: *'Datei'* → *'Exportieren'*.
2. Mausklick (links) auf *'Dateityp ändern'*.
3. Mausklick (links) auf *'Excel 97- 2003 Arbeitsmappe'*.

Hinweis: Die Tabelleninhalte werden in der Datei 'doppelt' gespeichert, wodurch die Datei größer wird.

6.8 Formatierungszeichen / -code

Mit folgenden Schritten können Formatierungszeichen eingegeben werden:

1. Markieren der betreffenden Zelle(n).
2. Mausklick (rechts).
3. In dem sich öffnenden Kontextmenü mittels Mausklick (links) auswählen: *'Zellen formatieren…'*.
4. In dem sich öffnenden Dialogfenster mittels Mausklick (links) die Registerkarte *'Zahlen'* auswählen.
5. Mausklick (links) auf *'Benutzerdefiniert'*.
6. Eingabe des Formatierungszeichens / -codes.
7. Mausklick (links) auf die Schaltfläche *'OK'*.

6.8.1 Darstellungen

Mögliche Formate

- \# - Zeigt nur signifikante Ziffern an, nichtsignifikante Nullen werden ignoriert.
  Sofern mehr Nachkommastellen existieren als das eingegebene Zeichen '#' wird gerundet.

  <u>Beispiel:</u>

  - Zahl vorher: 666,66 | Code: ###,# |
    Zahl nachher: 666,7

- 0 - Zeigt nicht signifikante Nullen an, wenn eine Zahl weniger Stellen aufweist als Nullen im Format vorhanden sind

  <u>Beispiel:</u>

  - Zahl vorher: 666,6 | Code: ###,00 |
    Zahl nachher: 666,60
  - Zahl vorher: ,666 | Code: 0,# |
    Zahl nachher: 0,7
  - Zahl vorher: 6 | Code: #,0# |
    Zahl nachher: 6,0

- ? - Auf beiden Seiten der Dezimalstelle werden Leerzeichen für nicht signifikante Nullen eingefügt, sodass bei der Formatierung mit einer Festbreitenschrift eine Ausrichtung der Dezimalzahlen am Dezimalkomma erfolgen kann. (Auch für Brüche mit unterschiedlicher Anzahl von Ziffern möglich.)

Beispiel:

- o Zahl vorher: 666,666 | Code: ???,??? | Zahl nachher: 666,666
- o Zahl vorher: 66,66 | Code: ???,??? | Zahl nachher: 66,66
- o Zahl vorher: 6,6 | Code: ???,??? | Zahl nachher: 6,6

- @ - Zeigt Text an.

Hinweis: Es ist empfehlenswert, das erzielte Ergebnis durch die benutzerdefinierten Formate zu prüfen, ob tatsächlich das gewünschte Ergebnis vorliegt. Man kann sich relativ leicht vertun. Mit der Eingabe 0,001 und dem Code #????/???? erhält man beispielsweise 1/1000.

1000er Trennzeichen

Beispiel:

- o Zahl vorher: 77000 | Code: #.### | Zahl nachher: 77.000
- o Zahl vorher: 77000 | Code: #. | Zahl nachher: 77
- o Zahl vorher: 77000 | Code: 0,0 | Zahl nachher: 77,000

Hinweis: Eingegebene benutzerdefinierte Formate werden in einer Liste gespeichert und müssen somit bei wiederholtem Bedarf nicht neu eingegeben werden.

6.8.2 Zeitformat

Formatierungszeichen und Erklärung

- h:mm:ss.00 | Zeitangabe in Stunden:Minuten:Sekunden.Hundertstel-Sekunde
- h:mm:ss a/p | Zeitangabe in Stunden:Minuten:Sekunden a/p
- [h]:mm | Zeitangabe in Stunden: Minuten
- h:mm am/pm | Zeitangabe in Stunden:Minuten am/pm
- Hh | Zeitangabe in Stunden als 00-23
- H | Zeitangabe in Stunden als 0-23
- H AM/PM | Zeitangabe in Stunden als 4 AM
- [mm]:ss | Zeitangabe in Minuten:Sekunden
- Mm | Zeitangabe in Minuten als 00-59
- M | Zeitangabe in Minuten als 0-59
- [ss] | Zeitangabe in Sekunden
- Ss | Zeitangabe in Sekunden als 00-59

6.8.3 Datumsformat

Formatierungszeichen und Erklärung

- JJJJ | Jahre als 1900-9999
- MMMMM | Monate mit dem ersten Buchstaben des Monats
- MMMM | Monate als Januar-Dezember
- MMM | Monate als Jan-Dez
- MM | Monate als 01.01.
- M | Monate als 01.1.
- TTTT | Tage als Sonntag-Samstag

- TTT | Tage als So-Sa
- TT | Tage als 01.01.
- T | Tage als 1.1.

6.8.4 Sonstige Formate

Formatierungszeichen und Erklärung

- 0% | Prozentformatierung
- 0,00E+00 | Exponent, z.B. 1,23E+03
- ##0,0E+0 | Exponent, z.B. 1,2E+3
- 0,00" m²" | Quadratmeter
- 0,00" m³" | Kubikmeter

6.8.5 Währungsformat (ASCII-Code)

1. Mausklick (links) an die Stelle, an welcher das Währungszeichen eingefügt werden soll.
2. Tastenkombination [Alt] + Zifferncode für das gewünschte Zeichen einfügen.

Formatierungszeichen und Erklärung

- ¢ | Währung, Tasten [Alt] + 0162
- ¢ | Währung, Tasten [Alt] + 0163
- ¢ | Währung, Tasten [AltGr] + [e]

6.9 Sonderzeichen

Sonderzeichen und Tastenkombination

- ‰ | [Alt] + 0137
- Ø | [Alt] + 157
- ø | [Alt] + 0248
- ÷ | [Alt] + 0247
- ± | [Alt] + 0177
- X | [Alt] + 0215
- ¼ | [Alt] + 0188
- ½ | [Alt] + 0189
- ¾ | [Alt] + 0190
- ® | [Alt] + 0174
- © | [Alt] + 0169

Hinweis: Die Tastenkombinationen sind für Excel, aber auch bspw. für Word gültig.

<u>Tipp</u> 1: Sonderzeichen einfügen

1. Mausklick (links) an die Stelle, an welcher das Sonderzeichen eingefügt werden soll.
2. In der Menüleiste mittel Mausklick (links) auswählen: *'Einfügen'* → *'Symbol'*.
3. In dem sich öffnenden Dialogfenster: Mausklick (links) auf die Registerkarte *'Sonderzeichen'* oder *'Symbole'*.
4. Mausklick (links) auf das gewünschte Sonderzeichen / Symbol.
5. Mausklick (links) auf *'Einfügen'*.

<u>Tipp</u> 2: Sonderzeichen mittels Tastenkombination [Alt] + Zifferncode einfügen

1. Mausklick (links) an die Stelle, an welcher das Sonderzeichen eingefügt werden soll.
2. Tastenkombination [Alt] + Zifferncode für das gewünschte Zeichen einfügen.

Falls das Sonderzeichen nicht korrekt dargestellt wird: Sonderzeichen markieren und Schriftart entsprechend anpassen.

6.10 Tastenkombinationen

Auf die Menüleiste (auch Menüband genannt) lässt sich auch mittels Tastatureingabe zugreifen. Um sich notwendige Tastenkombinationen anzeigen zu lassen, drückt man die Taste [Alt].

6.10.1 Kombinationen mit Strg-Taste

Beschreibung und Tastenkombination

Dialogfeld *Zellen formatieren*	[Strg] + [1]
Formatierung 'fett' zuweisen / entfernen	[Strg] + [2]
Formatierung 'kursiv' zuweisen / entfernen	[Strg] + [3]
Formatierung 'unterstrichen' zuweisen / entfernen	[Strg] + [4]
Formatierung 'durchgestrichen' zuweisen / entfernen	[Strg] + [5]
Wechsel zwischen Ein- und Ausblenden von Objekten und dem Anzeigen von Platzhaltern für Objekte	[Strg] + [6]
Gliederungssymbole ein- / ausblenden	[Strg] + [7]

Markierte Spalten ausblenden	[Strg] + [8]
Markierte Zeile ausblenden	[Strg] + [9]
Symbolleiste ein- / ausblenden	[Strg] + [F1]
Dialogfenster *'Drucken'*	[Strg] + [F2]
Dialogfenster *'Namensmanager'*	[Strg] + [F3]
Datei schließen	[Strg] + [F4]
Fenster minimieren	[Strg] + [F5]
Fenster verschieben, wenn Fenster nicht maximiert ist	[Strg] + [F7]
Fenster in Größe verändern, wenn Fenster nicht maximiert ist	[Strg] + [F8]
Fenster minimieren	[Strg] + [F9]
Fenster verkleinern / maximieren	[Strg] + [F10]
Neues Makro-Arbeitsblatt öffnen	[Strg] + [F11]
Dialogfenster *'Öffnen'*	[Strg] + [F12]
Markieren des gesamten Dokuments	[Strg] + [a]
Kopieren	[Strg] + [c]

Dialogfeld *'Suchen und Ersetzen'*	[Strg] + [f]
Dialogfeld *'Gehe zu'*	[Strg] + [g]
Dialogfeld *'Suchen und Ersetzen'*	[Strg] + [h]
Hyperlink einfügen / bearbeiten	[Strg] + [k]
Dialogfeld *'Tabelle erstellen'*	[Strg] + [l]
Neue Arbeitsmappe erstellen	[Strg] + [n]
Dialogfeld *'Öffnen'*	[Strg] + [o]
Drucken	[Strg] + [p]
Ausfüllen – rechts	[Strg] + [r]
Datei speichern	[Strg] + [s]
Dialogfeld *'Tabelle erstellen'*	[Strg] + [t]
Ausfüllen – unten	[Strg] + [u]
Aus Zwischenablage einfügen	[Strg] + [v]
Arbeitsmappe schließen	[Strg] + [w]
Ausschneiden	[Strg] + [x]
Wiederholt letzten Befehl / letzte Aktion	[Strg] + [y]

Aktion rückgängig machen	[Strg] + [z]
Wechsel zum nächsten Tabellenblatt	[Strg] + [Bild runter]
Wechsel zum vorherigen Tabellenblatt	[Strg] + [Bild hoch]
Aktuelles Datum in die aktive Zelle einfügen	[Strg] + [.]
Formel aus darüber liegenden Zelle einfügen	[Strg] + [,]
Löschen – markierter Zellen	[Strg] + [-]
Leere Zeilen einfügen	[Strg] + [+]
Windows-Startmenü (Task-Leiste) anzeigen	[Strg] + [Esc]
Eingabe abschließen (Zelle bleibt aktiv)	[Strg] + [Enter]
Blattanfang (A1)	[Strg] + [Pos1]
Tabellenende unten rechts	[Strg] + [Ende]
Cursor in die erste / letzte Zelle setzen	[Strg] + [Pfeiltaste]
Dialogfeld *Inhalte einfügen*	[Strg] + [Alt] + [v]

Alle Tabellenblätter in geöffneten Arbeitsmappen berechnen	[Strg] + [Alt] + [F9]
Bildschirmansicht drehen	[Strg] + [Alt] + [Pfeiltaste]
Formeln prüfen und berechnen	[Strg] + [Alt] + [Shift] + [F9]
Dialogfeld *Zellen formatieren*	[Strg] + [Shift] + [a]
Formatierung 'fett' zuweisen / entfernen	[Strg] + [Shift] + [f]
Formatierung 'kursiv' zuweisen / entfernen	[Strg] + [Shift] + [k]
Alle Zellen markieren, die Kommentare enthalten	[Strg] + [Shift] + [o]
Dialogfeld *Zellen formatieren*	[Strg] + [Shift] + [p]
Formatierung 'unterstreichen' zuweisen / entfernen	[Strg] + [Shift] + [u]
Aktuelle Uhrzeit einfügen	[Strg] + [Shift] + [:]
Standardzellenformat zuweisen	[Strg] + [Shift] + [&]

Gesamtrahmen der aktiven Zelle zuweisen	[Strg] + [Shift] + [-]
Prozentformat ohne Dezimalstelle zuweisen	[Strg] + [Shift] + [%]
Dezimalzahlenformat mit zwei Dezimalstellen, Tausendertrennzeichen und '-' bei negativen Werten zuweisen	[Strg] + [Shift] + [!]
Alle angrenzenden belegten Zellen um die aktive Zelle herum markieren	[Strg] + [Shift] + [*]
Währungsformat mit zwei Dezimalstellen zuweisen (negative Zahlen werden 'rot' dargestellt)	[Strg] + [Shift] + [$]
Bis zu ersten leeren Zelle nach oben markieren	[Strg] + [Shift] + [~]
Zeile einblenden (im markierten Bereich)	[Strg] + [Shift] + [)]
Exponentialzahlenformat mit zwei Dezimalstellen zuweisen	[Strg] + [Shift] + ["]
Dialogfeld *Name aus Auswahl erstellen*	[Strg] + [Shift] + [F3]

Letzten Suchvorgang wiederholen	[Strg] + [Shift] + [F4]
Tastenkombinationen einblenden	[Strg] + [Shift] + [F10]
Dialogfeld *'Drucken'*	[Strg] + [Shift] + [F12]
Gesamte Spalte markieren	[Strg] + [Shift] + [Leertaste]
Formel als Matrixformel (Array) eingeben	[Strg] +[Shift] + [Enter]
Bis zum Anfang der Tabelle markieren	[Strg] + [Shift] + [Pos1]
Bis zum [Ende] der Tabelle markieren	[Strg] + [Shift] + [Ende]
Markiert vom Cursor aus die Zeilen / Spalten bis zur letzten belegten Zelle in der angegebenen Richtung (bzw. Markierung erweitern oder aufheben)	[Strg] + [Shift] + [Pfeiltaste]

6.10.2 F(unktions)-Tasten

Beschreibung und Tastenkombination

Microsoft Excel-Hilfe	[F1]
Bearbeitungsmodus für aktive Zelle	[F2]
Letzten Befehl / letzte Aktion wiederholen	[F4]
Dialogfeld *Gehe zu*	[F5]
Anzeige von Informationen für Menüleiste	[F6]
Rechtschreibung prüfen	[F7]
Erweiterungsmodus aktivieren / deaktivieren	[F8]
Alle Tabellenblätter in geöffneten Arbeitsmappen berechnen	[F9]
Menüleiste aktivieren / deaktivieren	[F10]
Diagramm aus aktuellen Daten erstellen	[F11]
Dialogfeld *Speichern unter*	[F12]
Markieren	[F8] + [Pfeiltaste]

6.10.3 Kombinationen mit Alt-Taste

Beschreibung und Tastenkombination

Die Menüleiste aktivieren bzw. ein sichtbares Menü und Untermenü gleichzeitig schließen	[Alt]
Eingebettetes Diagramm mit Daten im aktuellen Bereich erstellen	[Alt] + [F1]
Dialogfenster 'Speichern unter'	[Alt] + [F2]
Excel schließen	[Alt] + [F4]
Dialogfenster 'Makro'	[Alt] + [F8]
Dialogfenster 'Formeln auf diesem Blatt'	[Alt] + [F10]
Visual Basic-Editor öffnen	[Alt] + [F11]
Recherchieren	[Alt] + Maus-klick
Zum nächsten Programm wechseln	[Alt] + [Tab]
Zum nächsten Programm wechseln	[Alt] + [Esc]
Programmmenü anzeigen	[Alt] + [Leertaste]

Bildschirmseite nach rechts	[Alt] + [Bild nach unten]
Bildschirmseite nach links	[Alt] + [Bild nach oben]
Auto-Eingabe-Liste anzeigen	[Alt] + [Pfeiltaste nach unten]
Zeilenumbruch in einer Zelle	[Alt] + [Enter]
Neues Tabellenblatt einfügen	[Alt] + [Shift] + [F1]
Zum vorherigen Programm wechseln	[Alt] + [Shift] + [Tab]
Gruppieren	[Alt] + [Shift] + [Pfeiltaste nach rechts]
Gruppierung aufheben	[Alt] + [Shift] + [Pfeiltaste nach links]
AutoSumme	[Alt] + [Shift] + [=]

6.10.4 Kombinationen mit Shift-Taste

Beschreibung und Tastenkombination

Kommentar einfügen	[Shift] + [F2]
Funktionsassistent	[Shift] + [F3]
Informationen in Menüleiste einblenden	[Shift] + [F6]
Dialogfenster *'Recherchieren'*	[Shift] + [F7]
Aktives Tabellenblatt berechnen	[Shift] + [F9]
Kontextmenü anzeigen	[Shift] + [F10]
Neues Tabellenblatt einfügen	[Shift] + [F11]
Auswahl erweitern	[Shift] + [F8] + [Pfeiltaste]
Eingabe abschließen und nächste Zelle links aktivieren	[Shift] + [Tab]
Erweiterung um eine Bildschirmseite nach unten	[Shift] + [Bild nach unten]
Erweiterung um eine Bildschirmseite nach oben	[Shift] + [Bild nach oben]
Markierung um eine Zelle in Pfeilrichtung erweitern bzw. aufheben	[Shift] + [Pfeiltaste]

Gesamte Zeile markieren	[Shift] + [Leertaste]
Vom Cursor bis zur ersten Zelle der Zeile erweitern	[Shift] + [Pos1]
In Pfeilrichtung bis zum Ende des Datenbereichs erweitern	[Shift] + [Pfeiltaste] + [Ende]
Bis zur letzten Zelle der Zeile erweitern (steht nicht zur Verfügung, wenn Kontrollkästchen 'Alternative Bewegungstasten' aktiviert wurde)	[Shift]+ [Ende] + [Enter]

6.10.5 Kombinationen mit Windows-Taste

Beschreibung und Tastenkombination

Windows-Explorer	[Windows-Fenster] + [e]
Alle Programme minimieren	[Windows-Fenster] + [m]

6.10.6 Weitere Tastenkombinationen

Beschreibung und Tastenkombination

Löschen – Inhalte / Löschen rechts des Cursors	[Entf]
Löschen links des Cursors	[Rücktaste]
Eingabe abschließen und nächste Zelle aktivieren	[Enter]
Eingabe abschließen und nächste Zelle rechts aktivieren	[Tab]
Subtrahieren	[-]
Multiplizieren	[*]
Dividieren	[/]
Addieren	[+]
Formel beginnen	[=]
Ein ausgewähltes Dropdown-Listenfeld eines Dialogfeldes schließen oder einen Befehl abbrechen und das geöffnete Dialogfeld schließen	[Esc]
Markierung aufheben	Mausklick in eine Zelle

In der Markierung von oben nach unten bewegen (falls Zellen markiert sind, wird mit der Bewegung rechts außen begonnen)	[Enter]
Bildschirmseite nach unten	[Bild nach unten]
Bildschirmseite nach oben	[Bild nach oben]
Bewegen in der Tabelle	[Pfeiltaste]
Bildlauf-Feststellmodus aktivieren / deaktivieren	[Rollen / Scroll]
Tabellenblatt rollen (in der Statusleiste steht 'SCRL')	[Rollen] + [Pfeiltaste]
Blattausschnitt oben links *(Bei aktiver [Rollen]-Taste.)* Zeilenanfang (Spalte A) *(Bei inaktiver [Rollen]-Taste.)*	[Pos1]
Blattausschnitt unten rechts *(Bei aktiver [Rollen]-Taste.)*	[Ende]

6.11 Tastenbezeichnungen

Tasten-Bezeichnungen

- Eingabetaste = Return = [Enter]
- Umschalttaste = [Shift]
- Ctrl = [Strg]
- Schaltfläche = Button
- Kontrollkästchen = Checkbox
- Tabulator = [Tab]
- Backspace = [Rücktaste]
- Bild ab = [Bild nach unten]
- Bild auf = [Bild nach oben]
- Scroll = [Rollen]

Zu den Autoren und der Buchreihe

Gerik Chirlek befasst sich seit Anfang der 90er Jahre mit der Aufbereitung von IT-nahen und rechtsrelevanten Sachverhalten. Obgleich die Tätigkeit als PC-Fachberater bereits facettenreich ist, unternimmt Gerik gelegentlich auch Ausflüge in andere Themenwelten.

Tami Chirlek ist seit den 90er Jahren als Programmierer wie auch Schulungstrainer tätig. Das Interesse, sich neuen technischen Herausforderungen zu stellen und die ausgeprägte Neugier für einen Blick über den Tellerrand sind Tamis Markenzeichen.

Die Bücher – Reihe ‚Probleme und Lösungen‘

[10] Excel 2016 . Probleme und Lösungen . Band 1

- Dateifunktionen
- Editierfunktionen
- Formate & Formatierungen

[11] Excel 2016 . Probleme und Lösungen . Band 2

- Datenbanken, Diagramme
- Schutz & Sicherheit
- Kommunikation mit Anwendungen
- Sonstiges

[12] Excel 2016 . Probleme und Lösungen . Band 3

- Formeln und Funktionen